À L'OMBRE OU AU SOLEIL

Recueil

Du même auteur
(ouvrages publiés chez Édilivre)

Les veufs (roman, 2017)
À mort les humains (roman, 2018)

Saga *Les larmes de Cassandre* (romans) :
La nouvelle résurrection (2019)
Le fou prend la Tour (2020)
La nuit des vampires (2021)
La métamorphose de Léonard (2022)

Apocalypse (recueil de poèmes, 2022)

Adrien Balboa

À L'OMBRE OU AU SOLEIL

Recueil

© 2023 Adrien Balboa

Édition : BoD – Books on Demand, info@bod.fr
Impression : BoD – Books on Demand, In de Tarpen 42, Norderstedt (Allemagne)
Impression à la demande

Photos de couverture : Adrien Balboa

ISBN : 978-2-3220-1080-6

Dépôt légal : juillet 2023

Le Code de la propriété intellectuelle et artistique n'autorisant, aux termes des alinéas 2 et 3 de l'article L. 122-5, d'une part, que les « copies ou reproductions strictement réservées à l'usage privé du copiste et non destinées à une utilisation collective » et, d'autre part, que les analyses et les courtes citations dans un but d'exemple et d'illustration, « toute représentation ou reproduction intégrale, ou partielle, faite sans le consentement de l'auteur ou de ses ayants droit ou ayants cause, est illicite » (alinéa 1er de l'article L. 122-4). Cette représentation ou reproduction, par quelque procédé que ce soit, constituerait donc une contrefaçon sanctionnée par les articles L. 335-2 et suivants du Code de la propriété intellectuelle.

Avant-propos

Ce deuxième recueil a été conçu par intermittence entre mai 2021 et février 2022. Pour celui-ci, j'ai procédé à un saut dans le temps un peu plus lointain que pour le précédent (*Apocalypse*, 2022), choisissant des textes écrits sur une période de trois ans – plus précisément de la rentrée 2011 à celle de 2014.

Je remercie Océane Desch pour sa relecture et ses conseils, mais aussi la plateforme BoD pour permettre à ces 64 textes d'avoir une réelle vie, ainsi que vous, mes chers lecteurs, même si je ne le ferai jamais assez.

Hantise

Pas une seule phrase. Pas une seule ligne. Pis : pas de quoi raconter quelque chose.

Je n'ai rien écrit d'original depuis des semaines, des mois, que sais-je... Certains événements que seule la vie peut nous imposer m'ont complètement empêché de me consacrer à « ma drogue ». Finalement, ils ont eu le dessus. Ils ont eu raison de moi.

J'ai perdu ma véritable raison d'être.

Je ne t'aimerai pas ce soir.

Septembre 2014

Je reviendrai un soir (Je repasserai te voir)

La flamme est ravivée,
J'ai de nouveau voyagé...
Je reviendrai un soir,
Je repasserai te voir.

Oui, au souvenir de nos années,
Au plaisir de tout ce qu'on a fait...
Je reviendrai un soir,
Je repasserai te voir.

Ce ne sera pas un hasard
Ni une illusion de l'espoir...
Je reviendrai un soir,
Je repasserai te voir.

Je t'ai fait la promesse
De ne pas te renier,
Ainsi que notre passé
Malgré deux folles sans laisse...
Je reviendrai un soir,
Je repasserai te voir.

Ainsi va l'Histoire,
Reformer l'ivoire...
Je reviendrai un soir,
Je repasserai te voir.

Août 2013

Suce-moi comme une glace

Le dôme s'est brisé
Quand l'atmosphère a grondé ;
Le chaos s'est prolongé.
En cette fin d'été
Tu m'as voulu et
Contre un mur tu m'as plaqué.
Oui, dans ton sillage,
Je me sens comme dans une cage.

    Ça sent bon l'orage,
    Oh oui, ça sent bon l'orage,
    Suce-moi comme une glace
    Avant que je ne fonde sur place.
    Ça sent bon l'orage,
    Oh oui, ça sent bon l'orage,
    Suce-moi comme une glace
    Avant que je ne boive la tasse.

Le dôme est tombé
Et toi, tu m'as désiré,
Oui, comme si de rien n'était.
La ruine s'abattait,
Dame Mort débarquait,
De cette fin, tu t'en moquais,
Tes jambes se frottaient ;
Dans ce lit, tu me mangeais.

    Ça sent bon l'orage,

        Oh oui, ça sent bon l'orage,
        Suce-moi comme une glace
        Avant que je ne fonde sur place.
        Ça sent bon l'orage,
        Oh oui, ça sent bon l'orage,
        Suce-moi comme une glace
        Avant que je ne boive la tasse.

C'est une nouvelle page,
Une nouvelle ère qui s'engage,
Et dans ton sillage,
Je me sens comme dans une cage.
Non, ne sois plus sage ;
L'orgasme pendant le carnage.

        Ça sent bon l'orage,
        Oh oui, ça sent bon l'orage,
        Suce-moi comme une glace
        Avant que je ne fonde sur place.
        Ça sent bon l'orage,
        Oh oui, ça sent bon l'orage,
        Suce-moi comme une glace
        Avant que je ne boive la tasse.

Juillet 2013

Little Deadman

À la croisée des histoires,
On se voulait,
Mais les chapitres, au hasard,
Nous séparaient.
Désirant mettre le mot « Fin » à chaque seconde,
Toujours quand l'un était trop pris dans son monde.

    Mais on s'en est toujours relevé,
    L'un vers l'autre on a toujours foncé.
    On ne voyait, vivait que pour ces trajets,
    Même lorsque ce foutu train a explosé.

C'est comme un cri rendant sourd,
De vie à court !
Penser à sauver notre peau,
Se dire ces mots
Qui font qu'un lien se renforce et demeure,
Qui défient ceux qui ont créé cette terreur.

    Mais on s'en est toujours relevé,
    L'un vers l'autre on a toujours foncé.
    On ne voyait, vivait que pour ces trajets,
    Même lorsque ce foutu train a explosé.

Octobre 2011

Dans les astres

Je suis comme quand souffle le vent,
Doux, frais, chaud ou prêt à faire des ravages.
Sans m'en rendre compte, oui, je traverse le temps,
Je n'aime pas l'allure des âges.

Je t'aime comme un fidèle amant,
Un mari, un ami inconscient.
Je t'aime à en percer la Terre,
À en oublier même sœurs et frères...

    Cette femme me veut,
    Allez savoir pourquoi.
    Cet homme m'en veut
    Et il y a de quoi.
    Je supporte le désastre,
    C'est écrit dans les astres.

    C'est écrit dans les astres.

Je n'prierai pas ce matin,
Quant à ce soir, eh bien encore moins.
Je l'avoue : j'ai pris le dernier train
Quand il n'y avait plus rien.

Je t'aime comme un fidèle amant,
Un mari, un ami insouciant.
Je t'aime, et ce à ma manière,
À en oublier tous ces repères...

Cette femme me veut,
Allez savoir pourquoi.
Cet homme m'en veut
Et il y a de quoi.
Je supporte le désastre,
C'est écrit dans les astres.

C'est écrit dans les astres.

Décembre 2011

17 filles dans mon lit

Dix-sept filles dans mon lit,
La surprise de la nuit.
Hier, j'aurais pu partir en fumée
Et aujourd'hui, je peux en imposer.

King of the world...
King of the world...

Moi, je suis né au bord d'un lac
Dans lequel des arbres morts ressortent,
Et maintenant je flirte avec le trac
Parce que vous me voulez en escorte.

King of the world...
King of the world...

Eh oui, dix-sept filles dans mon lit,
Si fatigante mais si bonne nuit...
Je me mets à me croire irrésistible,
Toutes ces inepties sont vraiment nuisibles.

King of the world...
King of the world...

Je me prétends au-dessus des lois,
Certains savent que mon âme, je ne la retrouve pas.
Je fais exactement tout, tout ce que je veux,
Je ne sais plus ce qu'est d'être heureux.

King of the world...
King of the world...

Dix-sept filles dans mon lit,
J'ai tout et c'est ainsi !

King of the world...
King of the world...

Janvier 2012

First night (without you)

Je me suis brûlé
Comme un enfant,
Je me suis damné
Comme un amant,
Et maintenant
Tout est terminé...

Je vais me retirer,
Mes mains auront encore ton odeur,
Et là où je serai,
Peut-être que j'oublierai même tes peurs.

Tes peurs...

Sous le délire de la fièvre,
J'ai rêvé que c'était la révolution,
Mais au réveil plutôt mièvre,
J'ai vu que ce n'était une prémonition...

    Je suis sur la planète Terre
    Et je sens que tout va s'effondrer.
    Mais venez donc me chercher
    Avant que tout ne soit que poussière.
    Que poussière…

    Je suis sur la planète Terre
    Et je sais que tout va exploser.
    Venez, venez me chercher,
    On ne peut revenir en arrière.

En arrière...

J'avoue, j'ai pleuré
À mon réveil.
C'était le premier
Sans tes merveilles.
Je sais qu'à côté
S'effondre l'éveil...

Ce siècle est peut-être le dernier,
À quoi bon, nous ne pouvons vraiment plus le nier.
Même nous avons viré en un chaos total.
Même nous avons vu trop de balles.

De balles...

Tout est devenu si instable,
Même les volcans sont plus calmes.
Il n'y a plus rien sur la table,
On n'aura même plus notre Palme...

    Je suis sur la planète Terre
    Et je sens que tout va s'effondrer.
    Mais venez donc me chercher
    Avant que tout ne soit que poussière.
    Que poussière...

    Je suis sur la planète Terre
    Et je sais que tout va exploser.
    Venez, venez me chercher,
    On ne peut revenir en arrière.
    En arrière...

Novembre 2013

Ma maîtresse est une fée

Quand elle marche, quand elle court
Et même quand elle sautille,
Je suis radicalement pris de court.
Oh non, je ne veux pas être à la quille.
Ce qu'elle a fait.
Ce qu'elle a fait...

    Je veux encore la regarder,
    Ma maîtresse est une fée.
    Oh ! je veux encore l'embrasser,
    Ma maîtresse est une fée.

Elle a tout d'une Colombine ressuscitée,
Elle est de celles qui ne peuvent que rassurer.
Juste avec un regard vous planter sur place,
Prouver qu'on peut bien faire fondre un mur de glace.
Comme elle m'a fait.
Comme elle m'a fait...

    Je veux encore la regarder,
    Ma maîtresse est une fée.
    Je veux encore la caresser,
    Ma maîtresse est une fée !

Elle peut faire marcher en plein soleil
Un vampire encore en plein sommeil.
Comme elle m'a fait...
Comme elle m'a fait !

Je veux encore la regarder,
Ma maîtresse est une fée.
Oh ! je veux encore l'embrasser,
Ma maîtresse est une fée !

Je veux encore la regarder,
Ma maîtresse est une fée.
Je veux encore la caresser,
Ma maîtresse est une fée !

Septembre 2014

Bondage

Ne pas me jeter sous un train
Quand je vois qu'on finira tous mal ;
C'est inutile d'être devin
Quand on sait ce qu'on avale.
Le papier froissé fait du bruit
Et s'incruste dans mes rêveries.
Le Funambule ferme, mon film vient de finir,
Je ne sais s'il faut en pleurer ou en rire.

    Et toi, qu'est-ce que tu en penses ?
    Mais toi, crois-tu en ta chance ?
    Et toi, lui demanderas-tu un jour de danser ?
    Il n'y a rien de plus invivable que le regret.

Et je vomis l'avenir
Quand l'étonnement ne vient plus après le pire.
Le sacrifice est devenu routine
Et on nous impose de courber l'échine.
Ce monde n'est qu'une infamie,
Ils ont même fait oublier le lion qui rugit.

    Et toi, qu'est-ce que tu en penses ?
    Mais toi, crois-tu en ta chance ?
    Et toi, lui demanderas-tu un jour de danser ?
    Il n'y a rien de plus invivable que le regret.

Télé-poubelle
Et puis Net *trash*,
Nos actes récents ne sont que des gamelles.

Dans cette époque qui n'est qu'un immense *crash*,
Les Anonymes brûleront les échelles
Et puis feront renaître ce qui est *cash*.

    Et toi, qu'est-ce que tu en penses ?
    Mais toi, crois-tu en ta chance ?
    Et toi, lui demanderas-tu un jour de danser ?
    Il n'y a rien de plus invivable que le regret.

Le regret ! Le regret !

Décembre 2012

Docteur Watson

La gestuelle fantomatique
Malgré cette élégance,
Le Poète Électrique
S'apprête à faire sa dernière danse.
Cette ultime nuit d'hiver
Aura raison de ses excès.
Au fond de lui, il sait. Il sait...
Mais de tout il est fier.

    Hey, docteur Watson,
    Où étais-tu passé ?
    Ce pauvre Sherlock est mort,
    On t'a tous cherché.
    Hey, docteur Watson,
    Où étais-tu passé ?
    T'es pris de remords,
    On te laisse le pleurer.

Mais laissez-le se détruire
Autant qu'il a pu nous sourire.
Laissez-le partir en paix
Autant qu'il a pu nous aimer.
Le crépuscule s'annonce comme inévitable,
Tout est maintenant joué sur cette table.
C'est une victime et non un coupable,
Ce jeu lui est imposé, comme une sale fable.

    Hey, docteur Watson,

      Où étais-tu passé ?
      Ce pauvre Sherlock est mort,
      On t'a tous cherché.
      Hey, docteur Watson,
      Où étais-tu passé ?
      T'es pris de remords,
      On te laisse le pleurer.

Il a pris des armes,
Mais jamais les siennes,
Provoqué la flamme
Et broyé des chaînes.
Il se sentait fort
Grâce à nos sourires,
Il ne craignait l'effort
Ni d'affronter le pire !

Oh ! bientôt nous le verrons plus nous éblouir,
De l'intérieur son corps est en train de pourrir !

      Hey, docteur Watson,
      Où étais-tu passé ?
      Ce pauvre Sherlock est mort,
      On t'a tous cherché.
      Hey, docteur Watson,
      Où étais-tu passé ?
      T'es pris de remords,
      On te laisse le pleurer.

Février 2014

Natural burn out

Je voulais une image,
Une image et un son.
Je ne crois pas aux Sages,
Leur loi, c'est l'abandon.
Je ne veux briser de cages
Ni donner de leçons,
Mais regardez ce carnage,
Nos rois sont des bouffons.

Comment croyez-vous
Qu'ils voient la révolte ?
Comment voulez-vous
Qu'on leur jette ce qu'on récolte ?
Pourquoi vous inclinez-vous ?
Y a rien dans ces Colt.

    Je ne veux pas me lever,
    Je ne veux pas me lever...
    Tout ce que je veux, c'est m'en aller.
    Tout ce que je veux, c'est me tirer...
    Je veux me faire passer pour mort pendant deux ans
    Et revenir, prendre le train en marche, simplement.
    Comme si rien ne s'était passé,
    Comme si rien ne s'était passé...
    Comme si rien ne m'avait écœuré.
    Essayez donc de m'en empêcher.

Je voulais un espoir,

Un espoir et la force
De traverser ce long couloir,
Mais il n'y a rien qui amorce.
Je ne veux pas brûler de temples,
Même si certains font tache.
C'est notre misère que l'on contemple,
Nos rois connaissent les lâches.

Pourquoi voulez-vous
Qu'ils calment une révolte ?
Sur quoi voulez-vous
Qu'on leur jette ce qu'on récolte ?
Pourquoi vous inclinez-vous ?
Y a rien dans ces Colt.

    Je ne veux pas me lever,
    Je ne veux pas me lever...
    Tout ce que je veux, c'est m'en aller.
    Tout ce que je veux, c'est me tirer...
    Je veux me faire passer pour mort pendant deux ans
    Et revenir, prendre le train en marche, simplement.
    Comme si rien ne s'était passé,
    Comme si rien ne s'était passé...
    Comme si rien ne m'avait écœuré.
    Essayez donc de m'en empêcher.

Mars 2013

J'ai croisé mon double

J'ai croisé mon double, il ne me voyait pas.
Il était dans mon monde, comme un hors-la-loi.
Mêmes fringues, même démarche et même dégaine ;
Mon reflet qui me tire à la chaîne.

Une jeune femme avec des béquilles le suivait à toute vitesse,
Il me semblait bien la reconnaître, oui, mais avec tristesse.
Mon passé qui me tire à la chaîne
Et l'Histoire qui se bouleverse à peine.

    Je suis si inutile
    Car quand tout se déglingue,
    Ce système si fragile
    Se fout que tout soit dingue.
    Se fout que tout soit dingue…
    Je suis si inutile…

J'ai croisé mon double et il ne me voulait pas.
Il était dans mon monde, mais s'en foutait de moi.
Mêmes fringues, même regard et mêmes pensées ;
L'Enfer qui s'acharne sans se soucier.

Les personnes que j'ai vues mourir le suivent sans regret,
Ils ne veulent plus me reconnaître, mais plutôt revivre.
Toute ma vie qui me frappe à la chaîne
Et l'Histoire qui se bouleverse à peine.

    Je suis si inutile
    Car quand tout se déglingue,

Ce système si fragile
Se fout que tout soit dingue.
Se fout que tout soit dingue...
Je suis si inutile !

J'ai croisé mon double, il ne me voyait pas.
Il était dans mon monde, comme un hors-la-loi.
J'ai croisé mon double et il ne me voulait pas.
Il était dans mon monde, mais s'en foutait de moi...

Avril 2013

« Moi je, moi je... »

« Moi je, moi je... »

Je suis aussi prétentieux
Que tu es faux-cul,
Je suis autant ombrageux
Que t'es mal foutu.
Autant imbu de ma personne
Que ta pensée peut être conne,
Je ne vois que moi et des courbes
Autant que tu joues les fourbes.

« Moi je, moi je... »

Les balles dans le dos, ça, tu connais,
Mais essaie d'être de face pour changer.
Tu n'as aucune personnalité,
Moi, j'ai le courage de t'affronter.

« Moi je, moi je... »

Tu te dis la Voix,
Moi, je suis le Verbe.
Tu te vois sur la Croix,
Mais tu iras sous l'herbe.

« Moi je, moi je... »
« Moi je, moi je... »

Septembre 2014

Fais-le encore

S'attacher dans une cage
Comme des amants libres.
Des nuits pour héritage,
Aimer le calibre.
Tel l'âtre qui se dégèle,
Devenir la cire.
Si ce soir tu es cruelle,
Demain je serai bien pire...

    Fais-le encore,
    Brise-moi en quelques gestes,
    Et sous l'effort
    Je recouvrirai le reste.
    Fais-le encore,
    Tout est bon à savourer,
    Et sur nos corps
    Nos soupirs sont tatoués.

N'avoir peur de la sentence
Ni des mouvements qui vibrent.
Je briserai toutes les danses
Au nom d'une histoire à suivre.
Un lit pour le repos
Puis finir comme il faut.
Et si cette nuit tu es aguicheuse,
Sois sûre que demain j'aurai ta peau...

    Fais-le encore,
    Brise-moi en quelques gestes,

Et sous l'effort
Je recouvrirai le reste.
Fais-le encore,
Tout est bon à savourer,
Et sur nos corps
Nos soupirs sont tatoués.

Mai 2013

Esmeralda + Jack l'Éventreur

Esmeralda et Jack l'Éventreur se sont rencontrés
Entre deux chapitres de leurs exploits.
En coulisses, c'est d'un torride inné.
Pour les initiés de l'*underground*, ils en sont les rois.

    Même s'ils n'arrêtent pas de le décrypter,
    Le show-biz ne cessera de nous étonner.
    Même si, quoi qu'ils fassent, ça ne cesse de crier,
    Ce n'est pas demain qu'ils se feront commander.

Esmeralda et Jack l'Éventreur rêvent de se marier
Avec Hugo et Hitchcock comme témoins.
Surprise autour d'eux, oui, mais ils ne font que planifier
Leurs vies qui soudain ne riment plus à rien.

    Même s'ils n'arrêtent pas de le décrypter,
    Le show-biz ne cessera de nous étonner.
    Même si, quoi qu'ils fassent, ça ne cesse de crier,
    Ce n'est pas demain qu'ils se feront commander.

D'Esmeralda et Jack l'Éventreur c'en est terminé,
Une cascade de la brune a mal tourné.
Le pauvre en est devenu alcoolique,
Mais pour d'autres, c'est le moment d'exploiter ce couple
                              [mythique.

    Même s'ils n'arrêtent pas de le décrypter,
    Le show-biz ne cessera de nous étonner.

Même si, quoi qu'ils fassent, ça ne cesse de crier,
Ce n'est pas demain qu'ils se feront commander.

Mars 2014

Amor

Je suis ce que projettent tes yeux,
Ton renfort...
Je suis toi, je suis l'amoureux,
Ton raccord...
Je suis là, celui qui te veut
Et ton corps
Dont je n'peux détacher mes yeux,
Comme un sort...

Nous serons tranquilles
Quand nous le voudrons... bien.
Défierons Achille
Aux premières douleurs du matin...

J'arrêterai même la pluie qui tue le beau
Quand ton cœur
Croira qu'aujourd'hui est la journée de trop ;
Ton âme sœur...
Oui, je suis la larme coulant sur ton visage,
Ton essor...
Oui, je suis celui qui te donne du courage,
Un mentor...

Nous serons tranquilles
Quand nous partirons... loin.
Combattrons Achille
Aux dernières couleurs du matin...

Oui, nous serons tranquilles
Quand nous le voudrons... bien.
Nous défierons Achille
Aux premières douleurs du matin…

Octobre 2013

Hors de l'Au-delà

Malgré cette insolence qui brûle mon âme,
Je baisse la tête du haut de la montagne.
Maintenant j'y suis seul et plus rien ne m'empêche
De faire le dernier saut, n'plus avoir la gorge sèche.
Je croyais que c'était elle,
Mais adieu l'étincelle...
Je voulais que ce soit elle ;
Ce n'était éternel...

Envie d'me barrer,
De m'isoler,
Ne plus me raser
Ni me coiffer
Durant plusieurs jours, imaginer
Ce que ça va donner
Lorsqu'il va falloir y retourner.
Sentir l'air asphyxié...

    Pendant qu'elle dort quelque part,
    Qu'elle doit sortir certains soirs.
    Qu'elle s'amuse, je pense,
    Peut-être même qu'elle danse.
    Sa vie loin de moi,
    Hors de l'Au-delà.

Un rêve m'a dit : « Réveille-toi ! »
Un rêve m'a dit : « Mais bouge-toi !
Le ciel est encore bleu devant toi

Et ta vie, cette chienne, ne s'arrête pas. »
Mais aussi :
« Cesse de regarder sa photo et de la caresser
Comme si de rien n'était, rien n'avait été décidé. »
Toute la nuit...

Toute la nuit !

> Pendant qu'elle dort quelque part,
> Qu'elle doit sortir certains soirs.
> Qu'elle s'amuse, je pense,
> Peut-être même qu'elle danse.
> Sa vie loin de moi,
> Hors de l'Au-delà.

Septembre 2013

Lady Vodka

Je veux encore te boire,
Te sentir tous les soirs.
Me brûler par les deux bouts
Pour le plaisir de ton goût.

Je comprends ceux qui se détruisent
Pour tous les soirs que tu déguises.
Faire oublier
Que ce monde est à changer
Et animer
Les fantasmes qui font rêver.

    Je peux bien écrire,
    Je peux bien tout dire.
    Tout ce que tu apportes,
    Tout ce que tu supportes,
    Mais je ne pourrai finir
    À l'heure où il me faudra partir.
    Non, je ne pourrai finir
    Avant qu'on ne se fasse tous maudire.

Il y a des jours où je compte les heures
Avant de te revoir.
Éjecter mes malheurs
Et retrouver tout ce que je peux croire.

Je comprends ceux qui se détruisent
Pour tous les soirs que tu déguises.

Faire oublier
Que ce monde est à jeter
Et allumer
Les délires qui font rêver.

    Je peux bien écrire,
    Je peux bien tout dire.
    Tout ce que tu apportes,
    Tout ce que tu supportes,
    Mais je ne pourrai finir
    À l'heure où il me faudra partir.
    Non, je ne pourrai finir
    Avant qu'on ne se fasse tous maudire.

Novembre 2013

À l'ombre ou au soleil

Volontairement je m'y suis égaré
Plus d'une fois,
Volontairement je m'y suis retrouvé
Avec moi.

La nature y est protégée,
Pour une fois.
Et le temps n'y fait que souffler
Comme un chat.

> À l'ombre ou au soleil,
> Peu importe.
> Le Pays des Merveilles,
> J'en vois la porte.
> À l'ombre ou au soleil,
> Tout s'y porte.
> À l'ombre ou au soleil,
> Le *zen* s'exporte.

Volontairement je t'y ai emmenée
Juste une fois ;
Volontairement tu y es retournée,
Mais sans moi...

Ça ne m'empêche pas d'y retourner
Pour les fois,
Toutes les fois où j'ai pu respirer
Comme un roi.

> À l'ombre ou au soleil,
> Peu importe.
> Le Pays des Merveilles,
> J'en vois la porte.
> À l'ombre ou au soleil,
> Tout s'y porte.
> À l'ombre ou au soleil,
> Le *zen* s'exporte.

La nature y est protégée,
Pour une fois.
Au moins on peut y respirer
Comme des rois.

> À l'ombre ou au soleil,
> Peu importe.
> Le Pays des Merveilles,
> J'en vois la porte.
> À l'ombre ou au soleil,
> Tout s'y porte.
> À l'ombre ou au soleil,
> Le *zen* s'exporte.

Juillet 2014

Les armes

Un sam'di particulier, le soleil d'août en escorte,
Un bar dans lequel les couleurs boisées et chaudes ressortent.
Et là où la chaleur est bien excitante,
Entre toi et moi quelque chose monte à cinquante.
Face-à-face, je me mets à prendre ta photo, format portrait.
Blondeur naturelle, sourire en coin et regard séduisant...
Là, je te demande ce que tu me trouves d'intéressant
Et tu me parles de mes maux, puis d'un soi-disant talent.
Et ensuite, avec un air de savoir ce que tu fais,
Tu me retournes la question.
Mais pris dans le jeu de ta gestuelle, ton corps bien fait
Capte, oui, toute mon attention…

Hier encore, tu étais pour moi une inconnue,
Maintenant on se dit beaucoup mais avec retenue.
Puis tu ris de mes bêtises, moi, je souris à tes charmes,
Et tu veux qu'on aille là où on oublierait les armes…

Les armes…
Les armes…
Les armes…

Un samedi enchanté, ce soleil d'août claque la porte.
Ma chambre, des bougies et des couleurs chaudes en quelque
[sorte.
Comme cette chaleur, toutes nos idées sont excitantes
Et font que nos gestes peuvent pulvériser ces pentes…

Il y a deux jours, tu étais pour moi une parfaite inconnue,
Maintenant on se fait beaucoup sans retenue.
Tu ris toujours de mes bêtises, je souris encore à tes charmes,
Et tu veux qu'on continue d'oublier les larmes...

Les larmes...
Les larmes...
Les larmes...

Il y a deux jours, tu étais pour moi une parfaite inconnue,
Maintenant on se dit beaucoup sans retenue.
Tu ris toujours de mes bêtises, je souris encore à tes charmes,
Et tu veux qu'on continue d'oublier les armes...

Les armes...
Les armes...
Les armes...

Novembre 2011

Ne jamais dire « jamais ».

Ma mère m'a fait fermer les yeux sur un véritable scandale
En me disant qu'à mon âge, je ne devrais pas penser au
[convenable
Et surtout que je ne devrais pas avoir de cadavres dans le
[linge sale.

J'ai été réveillé par une belle série de cauchemars,
Ils avaient tous l'air si vrais que j'ai cru au départ
Que je ne retournerais plus jamais dans une gare.

    Mais ne jamais dire « jamais »,
    Mais ne jamais dire « jamais »...
    Mais ne jamais dire « jamais »,
    Mais ne jamais dire « jamais »...

Mon agenda est bouclé pour des mois,
Mais je n'en vois pas l'exploit.
Si ça se trouve, oui, je détesterai
Tout c'qui pourra m'arriver.

Si elle existe vraiment la Californie,
Je m'en fous, j'irai tout claquer.
Et puisque tu aimes tant vivre la nuit,
Dépêche-toi, l'avion part en fin de soirée.

    Mais ne jamais dire « jamais »,
    Mais ne jamais dire « jamais »...

Mais ne jamais dire « jamais »,
Mais ne jamais dire « jamais »…

Juillet 2014

Héritage

Ma silhouette derrière la Joconde,
Qu'est-ce que je foutais là ?
Qu'un ami me réponde,
Je ne comprends rien à tout ça.

Et autour de moi tout s'accélère
Depuis que j'ai croisé ce chat noir.
Tout s'énerve et résonne à l'envers,
J'ai raté le chapitre d'hier soir.

    Bombes et mises à mort,
    C'est ce que l'on a hérité
    Depuis que l'eau qui dort
    Lave toutes les mains ensanglantées.
    Certains veulent encore
    Ce vieux clou pour mieux l'enfoncer,
    Et ils passent sur nos corps
    Comme si la Terre n'était qu'un jouet.

    Bombes et mises à mort...

Ma présence dans *L'Enfer*,
Là, je ne cherche pas.
Oui, je sais quoi faire,
J'ai voulu être mis là.

J'ai vu des peuples calmes
Préparer leurs révolutions,
Ou une femme sans charme

Devenir l'icône d'une nation.

    Bombes et mises à mort,
    C'est ce que l'on a hérité
    Depuis que l'eau qui dort
    Lave toutes les mains ensanglantées.
    Certains veulent encore
    Ce vieux clou pour mieux l'enfoncer,
    Et ils passent sur nos corps
    Comme si la Terre n'était qu'un jouet.

    Bombes et mises à mort...

Parfois je compte toutes les secondes
Quand je vous fais tous croire.
Ma silhouette derrière la Joconde,
Qu'est-ce que je foutais là ?

J'ai raté le chapitre d'hier soir,
Je crois avoir un livre de retard...

    Bombes et mises à mort,
    C'est ce que l'on a hérité
    Depuis que l'eau qui dort
    Lave toutes les mains ensanglantées.
    Certains veulent encore
    Ce vieux clou pour mieux l'enfoncer,
    Et ils passent sur nos corps
    Comme si la Terre n'était qu'un jouet.

    Bombes et mises à mort…

Juillet 2013

« J'ai pas l'temps »

Seule à minuit, elle erre dans les rues,
Ce SMS l'a bien descendue.
Même pas capable de lui dire en face,
Le roi du monde est bien dégueulasse...

Plus tard, doucement, elle se déshabille
Au fil de ces étages qui sont montés.
Et soudain, un ascenseur qui brille ;
Tout ce qu'elle a bu l'y fait entrer.

    « J'ai pas l'temps »,
    C'est ce qu'elle entendait sans cesse,
    « J'ai pas l'temps »,
    Quand elle désirait ses caresses.
    « J'ai pas l'temps. »
    La pauvre, elle ne se doutait pas,
    « J'ai pas l'temps »,
    Pensait que c'était d'la paresse...
    « J'ai pas l'temps. »

Seule à une heure, nue dans l'ascenseur,
Bien au centre, ne cessant de pleurer,
Et ce bien avant de vomir son cœur.
Reste deux étages mais elle ne veut rentrer...

Il faisait tant, il la disait même moelleuse,
Et là, c'est une autre qui est heureuse !
Ce n'sera pas lui qui prendra ses affaires.

Future surprise : y a du feu à faire...

    « J'ai pas l'temps »,
    C'est ce qu'elle entendait sans cesse,
    « J'ai pas l'temps »,
    Quand elle désirait ses caresses.
    « J'ai pas l'temps. »
    La pauvre, elle ne se doutait pas,
    « J'ai pas l'temps »,
    Pensait que c'était d'la paresse...
    « J'ai pas l'temps. »

Octobre 2011

Tu me quittes

La solitude apparaît
Tel un bloc de glace entre nos mains,
Cette distance que soudain tu mets,
Ne nie pas, je le sais bien :
Tu me quittes.
Tu me quittes...

Cette fable est vieille
Et son dénouement, je le connais.
Monts et merveilles
Ne font pas partie de ses tournants.
Tous nos projets d'avenir,
Eux, ne sont plus à l'ordre du jour,
Comme ces moments de désir
Et les caresses de nos contours.
Tu me quittes.
Tu me quittes...

La douleur est insoutenable,
De ta froideur je me sens coupable.
On ne joue pas à armes égales,
Tout devient subitement instable
Parce que tu étais à cette table.
De tout je me sentais capable
Et là, je redeviens ce minable...
Je retombe en croix sur le sable ;
Tu me quittes.
Tu me quittes...

Tu me quittes.
Tu me quittes...

Février 2012

Celui-ci

Celui-ci aime sa vie,
Celui-ci ne la trouve pas,
Et quant à celui-là,
Il trouve ce monde abruti.

Celle-là, oui, se demande
Comment vivre sans donner d'offrandes.
Riche, en sécurité,
Aucun petit doigt à lever.

Elle cherche un beau parti à agripper ;
Celui-ci pense qu'elle est dégénérée.

    Celui-ci me ressemble
    Quand tous ces murs tremblent,
    Quand le miroir se met à refléter
    Ce qu'il ne supporte plus de regarder.

    Celui-ci me ressemble
    Quand les visages d'anges
    Se mettent soudainement ensemble
    Afin de dénoncer l'étrange.

    De dénoncer l'étrange.

Celui-ci, dans sa cage,
Trouve que ce choc est sauvage.
Celui-là, plus brutal,

S'en balance bien du scandale.

Celle-là, elle, se demande
Comment on peut subir et se taire.
À l'intérieur elle scande
Ce qui doit résonner sur la Terre.

Elle rêve de les voir tous se relever
Et que ce cauchemar soit terminé.

    Celui-ci me ressemble
    Quand tous ces murs tremblent,
    Quand le miroir se met à refléter
    Ce qu'il ne supporte plus de regarder.

    Celui-ci me ressemble
    Quand les visages d'anges
    Se mettent soudainement ensemble
    Afin de dénoncer l'étrange.

    De dénoncer l'étrange.

Novembre 2011

Ma première mort

Quand toute cette fureur s'écroule,
Quand toute cette rumeur s'écoule
Uniquement sur moi,
Non, ça ne m'étonne pas.

Quand je recherche de la compagnie
Pour la soirée ou bien pour la vie
Et que personne ne répond à l'appel,
Je sais que mon malheur est éternel.

    Un cauchemar froid et déstructuré,
    Des âmes noires de femmes qui viennent me frôler.
    Résultat de ma première mort,
    Jusqu'à ce qu'elles crient toutes : « Encore ! »

    Je n'avais, je n'avais prédit
    Qu'un sale jour tout serait détruit.
    Résultat de ma première mort,
    Jusqu'à ce qu'elles crient toutes : « Encore ! »

La sirène au milieu du Temple
Fait de ses adieux un exemple.
Des milliers d'yeux qui la contemplent,
L'amour de plus en plus ample.

Les lumières se braquent sur elle
Comme pour effacer toutes ses séquelles,
Mais, ici, personne n'est dupe :
Aucun de nous n'ira sous sa jupe.

La sirène nous fait sa dernière danse,
Les bras levés pour notre dernière transe...

 Un cauchemar froid et déstructuré,
 Des âmes noires de femmes qui viennent me frôler.
 Résultat de ma première mort,
 Jusqu'à ce qu'elles crient toutes : « Encore ! »

 Je n'avais, je n'avais prédit
 Qu'un sale jour tout serait détruit.
 Résultat de ma première mort,
 Jusqu'à ce qu'elles crient toutes : « Encore ! »

Il y a une passion dans la haine
Que tu ne vois pas ;
Il y a une leçon dans la peine
Que tu ne piges pas.

 Un cauchemar froid et déstructuré,
 Des âmes noires de femmes qui viennent me frôler.
 Résultat de ma première mort,
 Jusqu'à ce qu'elles crient toutes : « Encore ! »

 Je n'avais, je n'avais prédit
 Qu'un sale jour tout serait détruit.
 Résultat de ma première mort,
 Jusqu'à ce qu'elles crient toutes : « Encore ! »

Octobre 2013

Un samedi

Il est midi passé
Depuis deux heures,
Je viens de me réveiller,
Dehors règne la chaleur.
J'ai reçu un grimoire usé
Par un crève-cœur,
Avec moi, il ne va pas s'arranger,
J'en ai bien peur.

J'en ai bien peur…

Midi s'est mis à chanter
Y a presque quatre heures.
Toujours aussi mal, cassé,
Je sors de cette demeure.
Le vent se met à m'agresser,
Quelle puanteur...
Trop en retard pour gagner cette journée,
J'en ai bien peur.

J'en ai bien peur…

Minuit vient de cogner
Y a bien cinq heures.
Là, je viens de me coucher
Tandis que cette chaleur
En moi ne cesse de circuler...
Je me connais,
Y a des nuits où j'en pleure ; je dois l'avouer...

J'en ai bien peur.

J'en ai bien peur...

Je me connais par cœur !
Je me connais par cœur !
J'en ai bien peur ! Bien peur !
Y a des nuits où j'en pleure,
Je me connais par cœur !
Je me connais par cœur…

Décembre 2012

Jesus doesn't love me

J'ai eu peur
Plusieurs fois,
Entendu des pleurs
Malgré moi.
J'ai cru en les Sœurs
Au-dessus de ma voix,
Mais ce n'est pas pour autant que tu es là.
Mais ce n'est pas pour autant que je suis roi.

J'ai marché
Avec des chaînes,
J'ai couru
À perdre haleine.
J'ai aussi bu
En plus de la peine,
Vu le Crucifié
Jouer sa haine.
Mais ce n'est pas pour autant que tu es là.
Mais ce n'est pas pour autant que je suis roi.

Mais ce n'est pas pour autant que tu es là.
Mais ce n'est pas pour autant que je suis roi.
À n'importe quel endroit, oui, c'est la même chose,
Un soir viendra l'étouffement, l'*overdose*...
L'*overdose*, l'*overdose* !

J'ai marché
Avec des chaînes,

J'ai couru
À perdre haleine.
J'ai aussi bu
En plus de la peine,
Vu le Crucifié
Jouer sa haine.

Juin 2012

Aujourd'hui

Aujourd'hui,
C'est ainsi.
Dans la nuit
Un seul cri.

Aujourd'hui,
C'est permis.
Dans la vie
Je m'ennuie.

Un jour viendra
Où tu m'auras,
Je le sais bien.
Je ne suis rien.

Mais…

… aujourd'hui,
Mon récit,
J'ai envie...
Croire en lui.

Aujourd'hui,
L'oiseau rit,
L'enfant crie...
Moi aussi !

Oui, un jour viendra,

Mais ne crois pas
Que ce s'ra demain :
J'ai un destin.

Un jour viendra
Où tu m'auras,
Je le sais bien.
Je ne suis rien...

Mais…

Avril 2012

Elle m'attend en bas

Une vieille dame m'attend en bas,
Toute de noir vêtue.
Cette vieille dame n'attend que moi,
J'aime bien sa tenue.
Et sa présence jette un froid,
Je n'y pensais plus.

Je l'ai parfois réclamée
Puis je me suis tu,
À elle j'ai souvent pensé
Et j'me suis battu.
Mais c'est à croire que le temps
En a décidé autrement.
Les années sont certes passées
Mais je veux encore me défouler.

Mes plus belles années ne peuvent pas être derrière moi,
Je sens encore cette force et ce feu s'agiter, je crois.
Je peux encore faire lever toutes ces âmes en proie,
Je peux encore faire briller tous ces yeux ivres qui me voient.

Une vieille dame m'attend en bas,
Mais qu'est-ce que j'ai cru ?
Cette vieille dame n'attend que moi,
J'aime bien sa tenue.
Et sa présence jette un froid,
Ma fin est venue.

Et sa présence jette un froid,

Ma fin est venue.

Décembre 2013

Torture's mode

Elle a brûlé mes yeux
Alors que je ne dormais pas !
Je sais que même dans les cieux,
Ils ont entendu ma voix.
Je sais que même dans les cieux,
Ils m'ont entendu, je crois.

Pire qu'une veuve noire,
Une tortionnaire en pleine gloire.
Mon dernier soir,
Je ne sais ce qu'il faut croire.

>*Help me,*
>*Help me...*
>*Help me,*
>*Help me...*

Elle a vidé mes veines,
Je ne m'y attendais pas !
Maintenant, quoi qu'il advienne,
C'est elle qui prend le pas.

Pire qu'une veuve noire,
Une tortionnaire en pleine gloire.
Mon dernier soir,
Elle maudit ce qu'elle peut voir.

>*Help me,*

Help me…
Help me,
Help me…

Elle a cassé mon corps
Et je ne pouvais rien faire !
Elle ralentit ma mort,
Elle en est grande, en est fière.

Mon âme coupée en deux,
Pour elle, c'est un soir glorieux.
Mon âme coupée en deux
Et mon sang jusque dans les cieux.

Help me !
Help me…
Help me !
Help me…

Février 2014

Celui qui venait d'ailleurs

Terre, c'est la Terre
Que je vois au loin,
Que je distingue enfin.

Clair, qu'il est clair
Le prix d'un destin,
Le bout de ce chemin.

Je sais... Je sais,
Bientôt je serai
Allongé sur le sable.

Je tracerai
Et embrasserai
Comme un plaisir coupable...

Mais en arrivant,
J'ai une mauvaise surprise.
Oui, en débarquant,
La frayeur m'électrise.
Plus de sable...
Tous coupables !

Je suis parti
D'une planète maudite
Et aujourd'hui,
L'effroi qui m'habite.

J'ai évité
La haine, la faim, la misère.
Je me disais
« Tout est bien mieux sur la Terre »,
Mais je tombe sur bien pire !
À croire que tout l'univers
Est un terrain bien amer,
Ici l'air qu'on respire
Peut facilement tuer.
Mais dans quelle merde suis-je tombé ?!

Puisque la Planète Bleue elle-même est condamnée,
Je ne sais plus où échouer.
Puisque les humains s'amusent à s'entre-tuer,
Je ne sais où me poser…

Mars 2014

Une semaine à t'attendre

Encore une semaine à t'attendre.
Sept nuits, six jours à suspendre,
À m'occuper comme je veux,
À vivre comme je peux.

Encore une semaine à t'attendre,
À supporter et prétendre,
Faire croire qu'il faut être heureux
Pour voir nos propres vœux.

Encore une semaine à t'attendre…

Encore une semaine à t'attendre,
À observer et comprendre,
Essayer de voir ce jeu,
Ou du moins un peu…

Encore une semaine à t'attendre,
Plus la nature à défendre
Sans compter, c'est malheureux ;
Tout meurt peu à peu…

Encore une semaine à t'attendre…

Encore une semaine à t'attendre,
À supporter et prétendre.
À observer et comprendre,
Ou du moins un peu.

Un peu, un peu !

Encore une semaine à t'attendre.
Sept nuits, six jours à suspendre,
À m'occuper comme je veux,
À vivre comme je peux.

Mars 2013

C'était à prévoir

La lumière
A transpercé l'ombre,
Les songes mis dans la pierre,
La vitesse est prioritaire.

En avant ! Ceux qui annoncent
Nous rendent amnésiques,
On a une réponse ;
Et futile est la critique.

J'ai pleuré sur le cadavre
De la Dame en Rouge
Et les infidèles se marrent ;
C'est le monde qui bouge.

    C'était à prévoir…
    C'était à savoir…
    À ne pas vouloir
    Penser, tout revoir,
    Ceux qui rêvent ce soir
    Ignorent ce retard…

Absorbés
Par c'qu'on nous impose,
Ce n'est plus avancer
De devoir des milliers de choses.

J'ai été contaminé

Par une blonde volage
Et j'en ai assez,
Plus aucun arbre n'a cet âge.

À force de suivre, percevoir,
Deviner les fins,
Il n'y a plus de hasard.
Subir ce Déclin...

    C'était à prévoir…
    C'était à savoir…
    À ne pas vouloir
    Penser, tout revoir,
    Ceux qui rêvent ce soir
    Ignorent ce retard…

Février 2013

Au fil des saisons

Ne me demande pas mon avis,
Tu sais ce que j'en pense.
Tu devines ce que je prédis :
Macabre sera la danse.
Même le vent qui aime nous guider
Pense à s'arrêter de souffler.
Un soir, les lumières ne brilleront plus,
Ce sera ainsi pour ce qu'on a cru.

    Au fil des saisons,
    Ils nous ont écartés,
    Là, c'est à toi de les maudire !
    Au fil des saisons,
    Ils les ont déchirés,
    Maintenant à eux de subir !

    De subir !
    De subir !

Certains misent sur un espoir
Pour éviter la névrose,
Et pourtant ce sera bien ce soir,
Oui, plus importante sera la dose.
Regarde-les bien sourire,
Ils ne voient rien face à eux.
La provocation ou pire,
Il faut stopper ce jeu.

Au fil des saisons,
Ils nous ont écartés,
Là, c'est à toi de les maudire !
Au fil des saisons,
Ils les ont déchirés,
Maintenant à eux de subir !

De subir !
De subir !

Avril 2012

Légendes actuelles

Comme dans un pays imaginaire,
Tel un maudit pleurant sur la mer,
J'ai été troublé et j'espère
Rev'nir indemne dans notre repère.

Tu me fais dévorer des livres,
Surtout des légendes actuelles,
Mais il n'y a que le classique qui me rend ivre,
Même si je connais des cadavres dans cette ruelle.

    À force de soupçonner
    Comme des soldats discrets,
    Et à force de guerroyer
    Comme des barbares condamnés,
    De tout on est en train de se couper.
    Ce monde, on ne fait que le condamner...

Comme un marin trahi pour une lettre,
Scandale d'un État qu'il ne peut connaître.
J'ai vu cette panthère mourir sur cette crête,
Demain la Coupe nous fera renaître.

Une très vieille série B au coucher,
Une coutume que tu as abrogée.
Ceci fut la prière d'un passionné,
Et puis merci d'avoir tout modifié.

Merci d'avoir apporté !

À force de soupçonner
Comme des soldats discrets,
Et à force de guerroyer
Comme des barbares condamnés,
De tout on est en train de se couper.
Ce monde, on ne fait que le condamner...

Janvier 2013

Fini de rêver (Un des deux mondes)

Un nouveau réveil cassé, embrumé,
Une ville se lève sans trop s'enthousiasmer.
Les lumières s'éteignent et le froid se calme,
Pour se motiver on rêve d'avoir la Palme.
« Encore un matin, un matin pour rien »[1],
Comme le chantait un type croisé en chemin.

    Fini de rêver, oui, fini de rêver,
    Voici un des deux mondes qui vient nous frapper.
    On croise les poètes, les artistes, les chanceux
    Pour qui cette heure sonne comme un nouvel adieu.
    Dis-moi que ce soir tu voudras m'embrasser,
    Mais fini de rêver, fini de rêver.

Crois-tu que plus tard on continuera
Ce rituel dont on se lasse déjà ?
Rester seul dans ce monde dégénéré,
Autant être face à Dieu et le défier.
Penses-tu que demain on verra le bout ?
Pour ne plus devoir se mettre à genoux.

    Fini de rêver, oui, fini de rêver,
    Voici un des deux mondes qui vient nous frapper.
    On croise les poètes, les artistes, les chanceux
    Pour qui cette heure sonne comme un nouvel adieu.

---

1. *Encore un matin* (Jean-Jacques Goldman), BMG Music Publishing France.

Dis-moi que ce soir tu voudras m'embrasser,
Mais fini de rêver, fini de rêver.

Juillet 2013

The life in this century, this is shit

J'ai marché les chaussures trouées,
Supporté le froid et l'eau qui rentraient.
J'ai connu les peines de cœur et la faim,
Les insultes au petit matin.
J'ai senti les coups bas ainsi que les coups traîtres
Qui mettaient *K.-O.*
Je voulais mourir, mais il me fallait renaître
Cicatrices au dos.

J'ai connu la joie et la pauvreté
Sans savoir pourquoi on me condamnait.
J'ai connu l'alcool, l'ivresse et les rêves,
Mais toujours pas la trêve.
J'ai cru en des hommes qui n'étaient pas mieux
Que ceux qu'ils rejetaient.
J'ai cru que les prochains jours seraient mieux,
Mais cette femme me quittait...

J'ai vu des anges et des démons
Entraîner leurs recrues
Dans des endroits qui surpassaient les bas-fonds.
J'ai vu, oui, cette malédiction,
Les cadavres dans la rue,
Les passants s'ignorer, buvant leur poison.

Mais dites-moi encore combien de temps
Tout cela va durer.
Mais redites-moi dans combien de temps

Tout ça va s'arrêter.
J'ai connu des déceptions,
J'ai vécu le deuil,
J'ai même vu des explosions,
Brûler des recueils,
Le Mal laver des cerveaux,
Le Bien au dépôt.

Décembre 2013

Et si on recommençait tout à zéro ?

Et si on recommençait tout à zéro
Comme lorsque j'entamais mon vieux numéro ?
Et si on tournait le dos
À ces griffes qui veulent notre peau ?
Et si on reprenait nos premiers mots ?
Pour savoir si tout ça était vraiment beau.
Histoire d'oublier ces chiens et ces salauds ;
Et si on recommençait tout à zéro ?

Et si on recommençait tout à zéro ?
Pour voir si ce rythme est vraiment celui qu'il faut.
Mais je ne promets pas que là-haut,
Ils ne penseront plus que c'est trop.
Et si on ne s'occupait de cet étau
Ni de ceux qui se retrouv'ront dans ces tombeaux ?
Regarde, au Quai des Brumes, il y a ce bateau ;
Et si on recommençait tout à zéro ?

Et si on recommençait tout à zéro
Comme lorsque j'entamais mon vieux numéro ?
Et si on tournait le dos
À ces griffes qui veulent notre peau ?
Et si on recommençait tout à zéro ?
Et si on recommençait tout à zéro ?

Octobre 2011

Je crèverai seul

Rocker en plein milieu de Nashville,
Le Paradis et l'Évangile.
Je me fous de ce qui est viril,
Moi, j'aime toujours être sur le gril.

Auteur visitant le Panthéon,
Devant Dumas et ses leçons,
Juste avant d'être récompensé
Pour avoir su les faire voyager.

    Même porté par la foule après le bruit des canons,
    Je crèverai seul !
    Même si mon encre qui se forme fait retenir mon nom,
    Je crèverai seul...

Oh oui, tous ces tours sont sévères,
Je suis sur les planches, sous la lumière,
Et reste fidèle à ce que j'aime ;
Puis ils chantent ce que je sème.

Tandis que je vole sur ces ruines,
Ma domination reste éphémère.
Et tous ces cris qu'on assassine,
Mais dois-je vraiment laisser faire ?

    Même porté par la foule après le bruit des canons,
    Je crèverai seul !
    Même si mon encre qui se forme fait retenir mon nom,

Je crèverai seul...

Septembre 2011

Ce manque de toi

Hé toi ! Hé toi !
Dis-moi, dis-moi
Combien de fois
Tu as frémi et gémi entre ses bras.
Mais toi ! Oui, toi !
Dis-moi, dis-moi
Combien de doigts
Tu veux, tu veux, oui, qu'il remette en toi.

Mais rappelle-toi,
Tu m'as quitté
Quand, quand a sonné le glas.
Mais souviens-toi,
Tu m'as renié
À la fin de mes exploits.

Tout, tout s'est arrêté,
Toi, tu m'as oublié,
Mais moi… Oui, moi !
J'ai toujours dans le corps ce froid,
Ce manque de toi
Tandis qu'tu évolues sans moi !

Tu fais comme si,
Comme si on ne s'était pas connus ;
C'est du mépris
Que tu as pour ce qu'on a vécu.

Tu te crois,

Tu te crois dans un autre monde.
Tu me vois
Comme une petite merde immonde.

Pourtant c'est toi
Qui m'as quitté
Quand, quand a sonné le glas.
Oui, souviens-toi !
Tu m'as renié
À la fin de mes exploits.

Mais rappelle-toi,
Tu m'as quitté
Quand, quand a sonné le glas.
Mais souviens-toi,
Tu m'as renié
À la fin de mes exploits.

Tout, tout s'est arrêté,
Toi, tu m'as oublié,
Mais moi… Oui, moi !
J'ai toujours dans le corps ce froid,
Ce manque de toi
Tandis qu'tu évolues sans moi !

Juillet 2014

Premières vacances depuis une décennie

Mon bateau caresse les vagues,
Je jette l'ancre au milieu de nulle part.
Je plonge jusqu'au fond pour oublier Prague ;
Je plonge jusqu'au fond pour sortir du noir.

Tranquille, le soleil me suit.
Un exploit : je n'ai pas trop vieilli.
Premières vacances depuis une décennie,
Première fois que j'oublie un peu la nuit.

Plus d'image et plus de son,
Juste le soleil, mon bateau, la mer...
Au fond je méprise tout ce monde de cons,
Y retourner sera le pire calvaire.

Là, sous le soleil, je cuis ;
Un exploit : je suis encore en vie.
Premières vacances depuis une décennie,
Première fois que j'oublie un peu la nuit.

Je resterais bien au fond
Juste pour prolonger ce qui m'est bon.
Je ne sais pas quand seront les prochaines,
J'ignore si un jour j'ôterai mes chaînes.
Premières vacances depuis une décennie,
Première fois que j'oublie un peu la nuit.

Tranquille, le soleil me suit.

Un exploit : je n'ai pas trop vieilli.
Premières vacances depuis une décennie,
Première fois que j'oublie un peu la nuit.

Tranquille, le soleil me suit.
Un exploit : je suis encore en vie.
Premières vacances depuis une décennie,
Première fois que j'oublie un peu ma vie.

Juillet 2014

La relève

Les murs sont électriques
Et les ombres peu commodes,
Mes rêves de tenues chics
Ont pénétré l'exode.
C'est ainsi que je suis,
C'est la nuit que je crie.

Elle dansait dans ces ruines
Comme si c'était normal,
Ses formes qui illuminent
Nous appellent au brutal.

    Moi aussi, je veux vendre du rêve
    En sortant des mots qui s'élèvent.
    Moi aussi, je ne crois en une trêve,
    Pense que c'est demain que ça s'achève.
    Moi aussi, je veux vendre du rêve,
    Qu'on dise que je prends la relève !

Tous ces mots écrits sur les murs
Étaient prémonitoires,
Seuls, seuls ceux qui repoussent les brûlures
Peuvent renverser l'Histoire.
Mettre de nouveaux monuments
Qui au départ s'ront troublants.

Je me prétends en être,
Oui, j'ose faire apparaître

Ma prétention, ma conviction profonde
Qu'il faut tout modifier dans la seconde.

    Moi aussi, je veux vendre du rêve
    En sortant des mots qui s'élèvent.
    Moi aussi, je ne crois en une trêve,
    Pense que c'est demain que ça s'achève.
    Moi aussi, je veux vendre du rêve,
    Qu'on dise que je prends la relève !

Juillet 2013

Life = Curse

La nature a pris de l'avance,
Elle a enlevé la mauvaise personne ;
Je ne reverrai plus ma mère...

La tournure, bien ivre dans sa danse,
Furieuse, son idiotie soudain résonne ;
Je ne parl'rai plus à mon père...

Le vent ne sentira mon souffle,
Comme des poings fermés qui soudain m'essoufflent ;
Je ne saluerai plus mon frère...

Comme un choc, y a plus de lueur,
Soudain des barbelés qui serrent mon cœur ;
Je n'embrasserai plus ma sœur...

La nature a pris de l'avance,
La tournure, bien ivre dans sa danse,
Cette fois le vent ne sentira mon souffle ;
Comme des poings fermés qui soudain m'essoufflent.

Il n'y a plus de lueur !
Il n'y a plus de lueur !

Novembre 2012

Hommage à Orane Demazis

J'ai vu ton sourire sur une photo,
Un cliché usé par le temps et la faux.
Je me souviens de toi en Fanny,
Sa destinée qui était bien pourrie.
Ce brave Marius, oui, tu le voulais,
L'as rejeté pour plus tard le retrouver.
Je te trouve ici grande à pleurer
Et qu'est-ce que ces jeux peuvent me fasciner.

    Et aujourd'hui, seules quelques personnes
    Se souviennent encore de toi,
    Ces personnages dans ces chefs-d'œuvre
    Sur ton nom ont pris le pas.
    Cette époque est bien monotone,
    Rares sont celles qui jouent comme toi.

J'aurais aimé être à cette époque
Rien que pour te rendre la réplique,
Sentir sur moi ton r'gard qui se moque
Ou même jouer un drame bien épique.
Un regain de talent par rapport aux autres,
C'est ce qu'ils devaient ressentir.
Il ne te reste vraiment plus beaucoup d'apôtres,
Mais je défendrai ton souvenir.

    Et aujourd'hui, seules quelques personnes
    Se souviennent encore de toi,
    Ces personnages dans ces chefs-d'œuvre

Sur ton nom ont pris le pas.
Cette époque est bien monotone,
Rares sont celles qui jouent comme toi.

Février 2012

Ce monde n'a rien de beau

J'ai répondu à l'appel,
Enquêteur particulier.
Une ado blonde sur une selle
Oit des sons irréguliers.
Une mort déchirante
Pour une ville surprenante.
Ils savent ce qui me tente...
Remonter la pente.

    Au fond, ce monde n'a rien de beau,
    Caresse l'échafaud.
    Au fond, ce monde n'a rien de beau,
    Embrasse le billot.
    Au fond, ce monde n'a rien de beau,
    Renie les échos.
    Au fond, ce monde n'a rien de beau,
    Et coule le bateau.

Un chat noir me suit,
Lui aussi on l'oublie.
Parfois les sincères
Trouvent bien leur place sur Terre.
Oui, parfois les sincères
Provoquent le tonnerre.
D'autres, pour être tranquilles,
Trouvent le suicide habile.

    Au fond, ce monde n'a rien de beau,
    Caresse l'échafaud.

Au fond, ce monde n'a rien de beau,
Embrasse le billot.
Au fond, ce monde n'a rien de beau,
Renie les échos.
Au fond, ce monde n'a rien de beau,
Et coule le bateau.

J'ai répondu à l'appel,
Enquêteur particulier.
J'ai répondu à l'appel
Et me voilà fou à lier.

Septembre 2012

La vérité est ailleurs

Comme un avion
Qui ne veut plus du ciel,
Ton abandon,
Non, n'a pas son pareil.
J'ai replongé au fond
Pour voir tes derniers souffles,
Je me suis senti con ;
Depuis ton manque m'essouffle.

Elle m'a dit d'aller là
Et je ne sais pas pourquoi.
Plusieurs étés déjà
Que je m'accroche à ma foi.
Elle m'a dit de courir là
Et je ne sais pas pourquoi.
Mais toi, lorsque tu te vois,
Crois-tu que ça n'existe pas ?

Crois-tu que ça n'existe pas ?

J'ai bougé un pion
Sans connaître aucune des règles.
Toi, tu me réponds
Que là-bas elle se dérègle.
Un devoir de mémoire
Se doit d'être respecté.
Je ne le fais pas le soir,
Mais le matin, bien cassé.

Je me dois d'aller là
Et je ne sais pas pourquoi.
Plusieurs hivers déjà
Que je m'accroche à notre foi.
Je me dois de courir là
Et je ne sais pas pourquoi.
Mais toi, lorsque tu me vois,
Crois-tu que ça n'existe pas ?

Crois-tu que ça n'existe pas ?

Un insecte… Insecte…
Le long de ton bras,
Il l'a parcouru
Jusqu'à ton trépas…
Oh ! un insecte… Insecte…
Que tu as vu déjà,
Lui, ton seul traumatisme,
Jusqu'à son trépas, là…

Elle m'a dit d'aller là,
Je ne sais pas pourquoi.
Plusieurs étés déjà
Que je m'accroche à ma foi.
Je me dois de courir là,
Au fond, je sais pourquoi.
Mais toi, lorsque tu me vois,
Crois-tu que ça n'existe pas ?!

Crois-tu que ça n'existe pas ?!

Que ça n'existe pas ?!
Que ça n'existe pas ?!

Février 2012

Dune

Tel un aigle qui ne marche plus sur l'eau,
Je ne t'impressionne plus.
Ou tel un type qui tire dans le dos,
L'admiration n'est plus.

Je ne peux plus rien sortir du chapeau
Pour te faire rêver
Et, oh non, je ne trouve même plus les mots
Qui peuvent te garder...

    Tu me questionnes
    Car tu ne comprends pas.
    Tu me raisonnes
    Comme si je volais bas.
    Tu m'emprisonnes,
    J'suis coupable de ta loi.
    Tu m'abandonnes,
    Mais je ne t'en veux pas.

Dans le meilleur des mondes,
Tu m'empoisonnerais.
Dans une vieille grotte profonde,
On ne se lâcherait.

Mais il faut bien faire face,
La vie reste une belle garce.
Finir à la casse
Et subir la trace.

            Tu me questionnes
            Car tu ne comprends pas.
            Tu me raisonnes
            Comme si je volais bas.
            Tu m'emprisonnes,
            J'suis coupable de ta loi.
            Tu m'abandonnes,
            Mais je ne t'en veux pas.

Je viens de faire fondre
Toute notre histoire,
Je viens de faire fondre
Toute notre mémoire.
Le tonnerre gronde
Depuis plusieurs soirs.
Le tonnerre gronde,
C'est s'apercevoir.

            Tu me questionnes
            Car tu ne comprends pas.
            Tu me raisonnes
            Comme si je volais bas.
            Tu m'emprisonnes,
            J'suis coupable de ta loi.
            Tu m'abandonnes,
            Mais je ne t'en veux pas.

Septembre 2014

Le dictateur

Rien qu'avec mes fringues, il y a trois fois vos salaires.
Je n'ai pas peur des autres dictateurs ni même de la guerre.
Laissez-moi encore du temps et je mènerai ce monde
Entre deux nuits blanches faites d'alcools, de *coke* et de putes
[blondes.

> Dites-moi ce que vous voulez,
> Si ça me plaît, alors vous l'aurez.
> Dites-moi ce que vous voulez,
> Si ça me plaît, alors vous l'aurez...

À présent au sommet, je suis intouchable ;
À côté de moi vous êtes tous des minables.
Le temps d'un mandat ? Je n'veux plus savoir ce que ça veut
[dire.
L'opposition ? Je l'ai fait éclater
Dès que j'ai débarqué. Dire que c'est vous qui avez voté...
Si vous êtes contre moi, vous allez subir.
Maintenant à moi le jeu, et je vais bien rire.
Je suis Simplet ou Grincheux, à vous de choisir.

> Dites-moi ce que vous voulez,
> Si ça me plaît, alors vous l'aurez.
> Dites-moi ce que vous voulez,
> Si ça me plaît, alors vous l'aurez...

Maintenant à moi le jeu, et je vais bien rire.

Je suis Simplet ou Grincheux, à vous de choisir.

Février 2014

Alice 2013

Le sourire d'une enfant,
C'est ce que tu affiches.
Un sourire craquant,
Ce n'est que de la triche.
Un doux sourire croquant
Pour dire que tu t'en fiches.
Un regard gênant ;
Nos ennemis sont si riches.

 Viens danser avec moi au soleil
 Avant qu'il n'nous écrase,
 Je sais, ce n'est pas demain la veille,
 Mais on remplit trop vite les cases.
 Viens m'aimer au Pays des Merveilles,
 Alice n'a pas ta grâce.
 Je sais que maintenant elle est vieille,
 Mais le futur m'a pris en chasse.

Des gestes choquants
Pour tous ceux qui ridiculisent
L'âme de notre temps,
Ce ne sont pas les bons qu'elle vise.
Quand la Mort prendra des gants
Telle la mer qui se déguise,
Ce sera un choc violent,
Fin d'un siècle qui se divise.

 Viens danser avec moi au soleil
 Avant qu'il n'nous écrase,

Je sais, ce n'est pas demain la veille,
Mais on remplit trop vite les cases.
Viens m'aimer au Pays des Merveilles,
Alice n'a pas ta grâce.
Je sais que maintenant elle est vieille,
Mais le futur m'a pris en chasse.

Mais pour l'instant, *honey*,
Pour mieux te réveiller,
Je poserai mes lèvres sur ta peau.
Mais pour l'instant, *honey*,
Pour mieux nous faire rêver,
Je t'ferai frissonner sous ta peau.

Mais pour l'instant, *honey*,
Pour mieux tout oublier,
Je t'inonderai de désir.
Oui, pour l'instant, *honey*,
Pour mieux nous évader,
Je t'ferai crier de plaisir.

Viens danser avec moi au soleil
Avant qu'il n'nous écrase,
Je sais, ce n'est pas demain la veille,
Mais on remplit trop vite les cases.
Viens m'aimer au Pays des Merveilles,
Alice n'a pas ta grâce.
Je sais que maintenant elle est vieille,
Mais le futur m'a pris en chasse.

Mai 2013

Coup de poker

Ce soir, je sortirai en douce
Comme durant l'adolescence.
Une femme sucera mon pouce
Et plus en guise de reconnaissance.
Très sage, je ferai le beau
Et puis mettrai un bordel de tous les diables.
Je passerai pour le dernier des salauds
Aux yeux de la reine du bal.

    Un coup de poker
    Et je vous étonne,
    Je sors un joker
    Pour que ne détonne
    Ce vieux masque de fer
    Qui ne choque personne.
    Un coup de poker,
    Un coup de poker.

    Un coup de poker
    Pour que je cartonne,
    Que vous soyez fiers
    De ce qui vous passionne
    Et ne pas faire taire
    Ce qui en nous bouillonne.
    Un coup de poker,
    Un coup de poker.

Tu veux me changer, je sais,

Me faire à ton idée.
Que je sois ton pion, ton jouet ;
Ma belle, t'es mal barrée.
Je suis du genre imprévisible,
Celui qui cogne l'Homme Invisible.
Tu peux essayer de me tenter,
À ce jeu, tu ne vas pas gagner.

    Un coup de poker
    Et je vous étonne,
    Je sors un joker
    Pour que ne détonne
    Ce vieux masque de fer
    Qui ne choque personne.
    Un coup de poker,
    Un coup de poker.

    Un coup de poker
    Pour que je cartonne,
    Que vous soyez fiers
    De ce qui vous passionne
    Et ne pas faire taire
    Ce qui en nous bouillonne.
    Un coup de poker,
    Un coup de poker.

Novembre 2013

Titanic vs. Iceberg

À genoux les lolitas,
C'est le Diable qui vous parle.
Pour celles qui ne me croient pas,
La sentence s'ra buccale.

Je vous observe en direct de mon cocon
Et je peux dire que vous tournez tous en rond.
La retraite ne sera bientôt plus en rayon,
Jusqu'à la Faucheuse vous serez tous en action.

    Vous n'avez plus rien si ce n'est courir
    Et toute la Terre à maudire.
    Le Publicitaire ne fait plus rêver
    Et du Ciel vous vous foutez.

    L'avenir est de plus en plus noir,
    Le futur rime avec désespoir
    Et je n'y suis pour rien,
    Mais je m'en frotte les mains !

À quatre pattes les lolitas,
C'est Satan qui vous parle.
Pour celles qui ne me croient pas,
La sentence s'ra brutale.

J'ai vu le Christ de près,
C'est moi qui enfonçais les clous.
De cette barbarie populaire,

Je voulais en croquer un bout.
Juste après je n'ai fait
Que d'la figuration, c'est tout.
Les comparaisons à l'Enfer
Ne sont, oui, que l'œuvre de votre Père.

    Vous n'avez plus rien si ce n'est courir
    Et toute la Terre à maudire.
    Le Publicitaire ne fait plus rêver
    Et du Ciel vous vous foutez.

    L'avenir est de plus en plus noir,
    Le futur rime avec désespoir
    Et je n'y suis pour rien,
    Mais je m'en frotte les mains !

Je vous veux nues, les lolitas,
C'est Lucifer qui parle.
Et pour celles qui ne me croient pas,
J'en ferai un régal.

Si vous continuez
Sur la Terre, je devrai
Délocaliser.

Si vous continuez
De foncer tête baissée,
Je débarquerai.

    Vous n'avez plus rien si ce n'est courir
    Et toute la Terre à maudire.
    Le Publicitaire ne fait plus rêver
    Et du Ciel vous vous foutez.

L'avenir est de plus en plus noir,
Le futur rime avec désespoir
Et je n'y suis pour rien,
Mais je m'en frotte les mains !

Septembre 2014

La reine Louise

La reine Louise, assise sur son trône,
Se prend encore pour une icône
Sauf que ça fait bien longtemps
Que son peuple pense autrement.
Femme-enfant dure à dame de fer
Ne crachant pas sur les guerres.
Capricieuse, autoritaire,
Son peuple est prêt à la faire taire.
Un jour, elle est tombée amoureuse,
Mais il s'agissait d'un révolutionnaire.
Quand la lutte devint rigoureuse,
Il y eut un tas d'exemples à faire…
Et maintenant vient une nouvelle révolte,
La quatrième sous son règne.
Sa victoire, c'est toujours ce que récolte
Son pauvre peuple qui plie et saigne...

La reine Louise, cette vieille folle, collée à son trône,
Se prend encore pour une icône.
Soixante-dix ans qu'elle marque son temps,
Quinzième siècle honteux pour ce pays souffrant.

En ce jour de gloire, la foule est en fête :
La reine Louise, ce vieux monstre, n'a plus sa tête.

Janvier 2012

Laissez-moi dormir

Je n'ai pas envie,
Je n'aime pas l'avis
Que l'on me soumet ;
Je suis mon idée.

Laissez-moi dormir,
Faites-moi plaisir.
Je suis au bout de mes forces.
Vous, tas d'aveugles sur ce qui se corse,
Stop ! Tout va trop vite,
Ça vous excite.
Faut que j'arrête, que j'évite,
Mais la paix m'est encore interdite.

Laissez-moi dormir,
Faites-moi plaisir.
Laissez-moi dormir,
Faites-moi plaisir...

Laissez-moi dormir,
Faites-moi plaisir.
Laissez-moi dormir,
Faites-moi plaisir...

J'ai la peau en gilet pare-balles,
Je ne suis pas un héros à la Stendhal.
Sur cette Terre, le crime est vainqueur,
J'ai même vu des surhommes ressentant la peur.
Voilà, j'ai dit tout ce que vous vouliez.

Je vous en prie, ne me dites pas de continuer,
Je ne vois plus les heures ni les jours défiler ;
Je ne fais même plus gaffe au temps qu'il fait.
Plus vite pour éviter la dégradation,
Ce qui m'entoure, la pourriture, les actions...

Laissez-moi dormir,
Faites-moi plaisir.
Laissez-moi dormir,
Faites-moi plaisir...

Laissez-moi dormir,
Faites-moi plaisir,
Laissez-moi dormir,
Faites-moi plaisir...

Juin 2012

La Vierge et la Putain

Tout le mal qu'ils lui ont fait...
La Vierge fut favorisée
Comparé à la Putain, c'était
Ainsi qu'ils la surnommaient.
Deux millénaires séparés
Et les hommes qui n'avaient pas changé...

Dans les livres d'Histoire,
C'est le même foutoir.
Pour éduquer une poignée de bons à rien,
On leur parle de la Vierge et de la Putain.

De la Vierge et de la Putain.

    Si j'allume un cierge,
    Ce n'est pour la Vierge.
    Je préfère de loin
    L'incendiaire Putain.

    Tout le monde, voici une vraie martyre
    Qui n'a demandé à venir.
    À la Vierge je préfère de loin
    La sublime, oui, la divine Putain.

Emportées toutes les deux,
Oui, mais de façons différentes.
Toutes les deux, même aux cieux,
Ont fait couler des larmes troublantes.

La première : censée représenter la pureté.
La seconde : la sexualité illimitée.
Mais quand on voit sur toute la durée,
Les deux rôles sont incroyablement inversés.
Entre elles deux millénaires séparés
Et les hommes qui continuent de s'entre-tuer.

    Si j'allume un cierge,
    Ce n'est pour la Vierge.
    Je préfère de loin
    L'incendiaire Putain.

    Tout le monde, voici une vraie martyre
    Qui n'a demandé à venir.
    À la Vierge je préfère de loin
    La sublime, oui, la divine Putain.

    Si j'allume un cierge,
    Ce n'est pour la Vierge.
    Je préfère de loin
    L'incendiaire Putain.

    Tout le monde, voici une vraie martyre
    Qui n'a demandé à venir.
    À la Vierge je préfère de loin
    La sublime, oui, la divine Putain.

Tout le mal qu'ils lui ont fait…

Novembre 2012

Where are you?

Je ne sais si demain tu me regarderas
Pour un sourire ou bien un éclat,
J'ignore si beaucoup approuvent ton choix
Comme celui que j'ai choisi en guise de combat.

Que les flammes trahissent cette saloperie d'hiver trop froid,
Comme tous ces fantômes qui restent toujours loin de l'Au-
[delà.

> *Where are you*
> Quand je te perds ?
> *Who are you*
> Quand je te retrouve ?
> *I miss you,*
> J'dois renier la mer ;
> *I love you*
> Quand tu approuves...

Même si le plus fin des voleurs
Doit parfois partir pour gagner son beurre,
Nous gémissons tous sur nos chances
En oubliant qu'on paye les conséquences.

Si un jour je dois y rester sur ces rails,
Promets-moi de tous les crever sur la paille.

> *Where are you*
> Quand je te perds ?
> *Who are you*

    Quand je te retrouve ?
    I miss you,
    J'dois renier la mer ;
    I love you
    Quand tu approuves...

Juste pour quelques soirs, fermons les fenêtres,
Personne, non, n'a de raison de voir.
Et même si nos passions n'ont rien de secrètes,
Ils peuvent au moins nous épargner le hasard.

Le hasard...
Le hasard

Where are you?
Who are you?
I miss you...
I love you...
I need you.

    Where are you
    Quand je te perds ?
    Who are you
    Quand je te retrouve ?
    I miss you,
    J'dois renier la mer ;
    I love you
    Quand tu approuves...

Janvier 2013

Sans toi je ne suis rien

Un nouveau point de non-retour
Dont je ne soupçonnais le détour,
Comme un trésor bien caché
Qui, mine de rien, m'attendait.

Si la vie est mieux, je ne vois pas.
Tout ce que je demande, c'est Toi.
Que tu sois avant le rêve près de moi
Et que, dans la trêve, tu craches sur l'exploit.

    Jamais aussi longtemps je n'ai aimé
    Et je continue à te désirer.
    Sans toi je ne suis rien,
    Sans toi je ne suis rien.

Malgré les faits prétendus
Et si tous les chats y sont gris,
Quand je vois, seul, qu'il est minuit,
Soudain je me sens perdu.

Tes douleurs me font rêver,
Avec moi tu ne seras rejetée,
Mais sois là, avant le rêve, près de moi ;
Ce que je demande, c'est Toi.

    Jamais aussi longtemps je n'ai aimé
    Et je continue à te désirer.
    Sans toi je ne suis rien,
    Sans toi je ne suis rien.

Jamais aussi longtemps je n'ai aimé
Et je continue à te désirer.
Sans toi je ne suis rien,
Sans toi je ne suis rien.

Sans toi je ne suis rien...
Sans toi je ne suis rien...

Sans toi je ne suis…

Septembre 2012

[Interlude]

Le désert défile à une vitesse folle mais rien ne change dans ce qui m'entoure. Cela fait plusieurs kilomètres que cette route forme une ligne droite, de nombreuses bornes que je fonce vers ce point, vers ce soleil au bord du crépuscule qui, je sais, marque la fin de ce que je vis depuis plusieurs années et représente un renouveau.

Derrière moi c'est la nuit et, pour une fois, je veux atteindre cette lumière pour la savoir à mes côtés le plus longtemps possible.

Je ne fais plus attention à ma vitesse ni à la chaleur sous ce casque, ou encore à cette tenue, ainsi qu'aux panneaux indiquant le nombre de kilomètres avant le prochain carrefour ou la prochaine petite ville. Comme les rebelles dans le temps, rien à faire. Je me laisse guider par le plaisir que je prends à froisser une partie de ce paysage à bord de ma moto qui en a tant vu et qui n'a pas encore dit son dernier mot, tandis qu'un peu de sable ainsi que pas mal de poussière fouettent mon casque.

Je sais que je ne suis plus très loin...

Je stoppe tout instinctivement, mets la béquille puis retire mon casque pour observer distinctement ce spectacle naturel que je vise et traverse depuis plus d'une heure. Je ferme les yeux et respire directement cette chaleur. À plusieurs reprises, à pleins poumons. Ça n'a rien de doux, mais que c'est bon. J'aime ça...

Je me mets à regarder derrière moi. La nuit est bel et bien installée au loin. La ville la plus proche est déjà habillée de ses lumières nocturnes. Là-bas se trouvent mes activités depuis des années. Et même ma vie depuis toujours.

Je me tourne encore une fois vers le crépuscule. Un mètre de plus vers lui et ce sera définitif. Je dois prendre une décision qui changera ma vie maintenant ou plus tard. Mon esprit cherche une solution à tout-va tandis que je remets mon casque.

Béquille enlevée. Demi-tour, droit vers les ténèbres pour encore un petit bout de temps.

Encore des trucs à faire.

Janvier 2013

J'ai roulé au crépuscule

J'ai roulé au crépuscule
Afin de te retrouver,
Quitte à être dans une cellule,
Que ce soit celle où tu es logée.
J'ai roulé au crépuscule
Essayant d'accorder le parfait.

    Le plus vite possible
    Et ne pas être tranquille.
    Astre inaccessible,
    Je joue à face ou pile.
    Qu'ils me cherchent ou qu'ils m'oublient,
    Je trace ma route, c'est ainsi.

J'ai roulé au crépuscule
Et les paysages me saluaient.
Ils savaient, oui, que ma bulle
Dans les parages ne repasserait.
J'ai roulé au crépuscule
Sans m'rendre compte que je fonçais.

    Le plus vite possible
    Et ne pas être tranquille.
    Astre inaccessible,
    Je joue à face ou pile.
    Qu'ils me cherchent ou qu'ils m'oublient,
    Je trace ma route, c'est ainsi.

J'ai roulé au crépuscule
Aussi vite que je pouvais,
Et peu importe la formule,
Je n'ai pas vu si ça grillait.
Oui, j'ai roulé au crépuscule,
M'en foutant si ça pétait.

    Le plus vite possible
    Et ne pas être tranquille.
    Astre inaccessible,
    Je joue à face ou pile.
    Qu'ils me cherchent ou qu'ils m'oublient,
    Je trace ma route, c'est ainsi.

J'ai roulé au crépuscule.
J'ai roulé au crépuscule.
J'ai roulé au crépuscule.
J'ai roulé au crépuscule.

Octobre 2012

Je sais que je gagnerai ce soir

Je n'ai jamais été un jeune premier,
Un soir j'ai même rencontré Don Quichotte.
Mais lorsqu'il s'aperçut que j'étais complètement allumé,
Il voulut, oui, m'écraser avec une Cadillac sans capote.
Et si même lui veut m'éliminer,
Rev'nir sera une idée très sotte.

    Mais je sais que je gagnerai ce soir,
    Mais je sais que je gagnerai ce soir,
    N'ignorant que ceux qui m'attendent sur le trottoir
    Veulent tout en n'imaginant pas me laisser choir.

Il y a cette jeune femme qui veut m'embrasser
Tout en oubliant qu'elle est fiancée,
Je vais me retrouver sur une nouvelle liste noire
Alors que j'ai à peine respiré l'air du soir.
Sauf que je sais que plus rien ne peut m'arrêter,
Même Judas a essayé de me faire chanter.

    Oui, je sais que je gagnerai ce soir,
    Oui, je sais que je gagnerai ce soir,
    N'ignorant que ceux qui m'attendent sur le trottoir
    Veulent tout en n'imaginant pas me laisser choir.

Mars 2012

Attrape-moi

    Attrape-moi,
    Essaie encore ! Essaie encore !
    Attrape-moi,
    Essaie encore ! Essaie encore !

C'est un jeu qui porte le mauvais œil,
Mais moi, c'est le seul que je veuille !
Là, c'est bien le terrain idéal.
Je me fous bien que tu fasses tomber les pétales.

    Attrape-moi,
    Essaie encore ! Essaie encore !
    Attrape-moi,
    Essaie encore ! Essaie encore !

Vas-y, empêche-moi d'avancer,
Je n'ai pas peur de te percuter.
Je sais bien que je t'ai trouvé,
Prouve donc que tu n'as vraiment pas peur de frapper.

Come on, come on, come on...
Come on, come on, come on...
Come on, come on, come on...
Come on, dirty bastard!

    Attrape-moi,
    Essaie encore ! Essaie encore !
    Attrape-moi,

Essaie encore ! Essaie encore !

Octobre 2011

Tourne encore/Danse la Mort

Tourne tourne tourne encore,
Danse danse danse la Mort,
Tourne tourne tourne encore,
Danse danse danse la Mort.
J'ai oublié de dire « Oui »
Après ton nom,
Ce serpent mortel qui rit
Connaît mon fond.
La prochaine naissance
Sera bien maudite,
La nature est en transe
Quand la faute est subite.

Tourne tourne tourne encore,
Danse danse danse la Mort,
Tourne tourne tourne encore,
Danse danse danse la Mort.
Je ne sais plus combien de dons
J'ai pu bien faire pour ton pardon,
J'ai cru bien faire, mais sans raison.
Salue le Père, je serai bon.
Ne me retire rien,
J'ai assez payé moi-même,
Et tout comme les miens,
Nos crépuscules seront blêmes.

Tourne tourne tourne encore,
Danse danse danse la Mort,
Tourne tourne tourne encore,

Danse danse danse la Mort.

Juin 2012

Ils doivent me prendre pour un traître

J'ai marché sur des crânes, des squelettes
De ceux qui se sont battus pour la ville.
Je suis en retard, mal à la tête.
Les autres ont l'air d'avoir gagné, tranquilles.

Rien n'a été nettoyé,
Mais combien de temps ai-je pu rêver ?
Tout ça à cause du filtre d'une sorcière
Qui m'a tout fait miroiter...

    Ils doivent me prendre pour un traître,
    Oh ! ils doivent me prendre pour un traître.
    Ils doivent me prendre pour un traître,
    Oui, ils doivent me prendre pour un traître.

Maintenant ils doivent tous me rechercher,
Je n'ai pensé qu'à ma gueule et là, je dois la cacher.
Des affiches sur moi doivent être placardées,
Des chasseurs de primes à mes trousses, même ceux que je
                                                                [connais.

Je n'ai plus de famille ni d'amis ici-bas,
Partout on peut m'interdire l'émoi.
On aurait pu gagner si j'avais été là,
Mais je t'en prie, pardonne-moi, moi, moi...

    Ils doivent me prendre pour un traître,
    Oh ! ils doivent me prendre pour un traître.

Ils doivent me prendre pour un traître,
Oui, ils doivent me prendre pour un traître.

Mai 2014

Lis bien ces mots

J'ai une tumeur
Plus grosse qu'un poing,
J'ai une douleur
Pire qu'un venin ;
C'est la couleur
De mes matins.
Toi, mon âme sœur
Qui est au loin,
Lis bien ces mots,
Ils sont sans suite.
Lis bien ces mots,
Toi qui me quittes.
C'est mon poème
Qui te vaut bien,
C'est mon poème,
Moi le vaut rien,
En souvenir
De notre histoire
Qui vient de mourir
Par ton départ.
Brûler le cuir
Et ton miroir
Pour me venger
De ce que t'as fait...

J'ai une tumeur
Plus grosse qu'un poing,
J'ai une douleur

Pire qu'un venin ;
C'est la couleur
De mes matins.
Toi, mon âme sœur
Qui est au loin,
Lis bien ces mots,
Ils sont sans suite.
Lis bien ces mots,
Toi qui me quittes.
Lis bien ces mots,
Ils sont sans suite…

Mai 2013

Table des matières

Avant-propos..7

1. HANTISE..9
2. JE REVIENDRAI UN SOIR (JE REPASSERAI TE VOIR)....11
3. SUCE-MOI COMME UNE GLACE.................................13
4. *LITTLE DEADMAN*..15
5. DANS LES ASTRES..17
6. 17 FILLES DANS MON LIT...19
7. *FIRST NIGHT (WITHOUT YOU)*..................................21
8. MA MAÎTRESSE EST UNE FÉE...................................23
9. BONDAGE..25
10. DOCTEUR WATSON...27

11. *NATURAL BURN OUT*...29
12. J'AI CROISÉ MON DOUBLE......................................31
13. « MOI JE, MOI JE… »...33
14. FAIS-LE ENCORE..35
15. ESMERALDA + JACK L'ÉVENTREUR.........................37
16. *AMOR*..39
17. HORS DE L'AU-DELÀ...41
18. *LADY VODKA*..43
19. À L'OMBRE OU AU SOLEIL......................................45

20. LES ARMES..47

21. NE JAMAIS DIRE « JAMAIS »..................................49
22. HÉRITAGE..51
23. « J'AI PAS L'TEMPS »..53
24. TU ME QUITTES..55
25. CELUI-CI..57
26. MA PREMIÈRE MORT..59
27. UN SAMEDI...61
28. *JESUS DOESN'T LOVE ME*....................................63
29. AUJOURD'HUI..65
30. ELLE M'ATTEND EN BAS..67

31. *TORTURE'S MODE*..69
32. CELUI QUI VENAIT D'AILLEURS..........................71
33. UNE SEMAINE À T'ATTENDRE..............................73
34. C'ÉTAIT À PRÉVOIR...75
35. AU FIL DES SAISONS...77
36. LÉGENDES ACTUELLES..79
37. FINI DE RÊVER (UN DES DEUX MONDES).........81
38. *THE LIFE IN THIS CENTURY, THIS IS SHIT*......83
39. ET SI ON RECOMMENÇAIT TOUT À ZÉRO ?......85
40. JE CRÈVERAI SEUL...87

41. CE MANQUE DE TOI..89

42. PREMIÈRES VACANCES DEPUIS UNE DÉCENNIE....91
43. LA RELÈVE..93
44. *LIFE = CURSE*..95
45. HOMMAGE À ORANE DEMAZIS................................97
46. CE MONDE N'A RIEN DE BEAU...............................99
47. LA VÉRITÉ EST AILLEURS.....................................101
48. DUNE..103
49. LE DICTATEUR...105
50. ALICE 2013..107

51. COUP DE POKER...109
52. *TITANIC VS. ICEBERG*..111
53. LA REINE LOUISE..115
54. LAISSEZ-MOI DORMIR..117
55. LA VIERGE ET LA PUTAIN....................................119
56. *WHERE ARE YOU?*...121
57. SANS TOI JE NE SUIS RIEN..................................123
58. [INTERLUDE]...125
59. J'AI ROULÉ AU CRÉPUSCULE...............................127
60. JE SAIS QUE JE GAGNERAI CE SOIR...................129

61. ATTRAPE-MOI..131
62. TOURNE ENCORE/DANSE LA MORT....................133
63. ILS DOIVENT ME PRENDRE POUR UN TRAÎTRE....135
64. LIS BIEN CES MOTS..137